PANÉGYRIQUE

DE

JEANNE D'ARC

PRONONCÉ DANS LA CATHÉDRALE D'ORLÉANS

Le 8 Mai 1865,

EN LA FÊTE DU 436ᵉ ANNIVERSAIRE DE LA DÉLIVRANCE DE LA VILLE

PAR M. L'ABBÉ ÉM. BOUGAUD,

Vicaire général d'Orléans.

IMPRIMÉ PAR LES SOINS DE LA VILLE D'ORLÉANS.

ORLÉANS,

IMPRIMERIE CHENU, RUE CROIX-DE-BOIS, 21.

—

1865.

PANÉGYRIQUE

DE

JEANNE D'ARC

PRONONCÉ DANS LA CATHÉDRALE D'ORLÉANS

Le 8 Mai 1865,

EN LA FÊTE DU 436ᵉ ANNIVERSAIRE DE LA DÉLIVRANCE DE LA VILLE

PAR M. L'ABBÉ ÉM. BOUGAUD,

Vicaire général d'Orléans.

IMPRIMÉ PAR LES SOINS DE LA VILLE D'ORLÉANS.

ORLÉANS,

IMPRIMERIE CHENU, RUE CROIX-DE-BOIS, 21.

—

1865.

Orléans. Imprimerie, Lithographie et Stéréotypie CHENU, rue Croix-de-Bois, 21.

PANÉGYRIQUE

DE

JEANNE D'ARC.

Monseigneur (1).

Messieurs,

C'est Dieu qui a fait la patrie, et pour y attacher plus fortement le cœur de l'homme, il l'a pétrie avec ce qu'il y a de plus
auguste et de plus doux sur la terre.

Car la patrie, ce n'est pas seulement le sol qui nous a vu
naître, les arbres amis qui ont abrité nos premiers rêves, une
certaine nuance de soleil, d'air, de lumière qu'on ne trouve que
là ; ce qui fait que quand on est errant sur une terre étrangère,
on regarde autour de soi et on dit : « Ce ciel est beau, mais ce
n'est pas le ciel de ma patrie ; » et que, quand les anciens s'en
allaient en exil, dans leurs dernières et tristes apostrophes, ils
s'adressaient d'abord aux cieux, et leur disaient : « O cieux,
belle lumière, clarté chérie qui avez brillé sur notre ber-

(1) Mgr Dupanloup, évêque d'Orléans.

ceau, nous vous disons adieu ; et en quelque lieu que la fortune nous chasse, nous ne vous retrouverons jamais. Adieu ! »

Non, ce n'est pas encore là la patrie : et les anciens eux-mêmes, si sensibles qu'ils fussent à ces mystérieuses harmonies de la nature avec le cœur de l'homme, faisaient consister la patrie en quelque chose de plus élevé, de plus profond, de plus sacré, et tout à la fois de plus doux encore. La patrie, disaient-ils, ce sont les autels et les foyers : *pro aris et focis.*

Les foyers ! c'est-à-dire ces lieux où, petits enfants, nous avons été tenus sur les genoux de nos mères, et où, devenus hommes à notre tour, nous tenons aujourd'hui nos petits enfants sur nos genoux ; ce coin de l'âtre, où mille fois nous sommes revenus tristes, meurtris, retrouver, loin de l'arène des passions et des vanités, le seul bonheur qui soit digne de nous ; où nous avons vu mourir nos pères, où nous mourrons à notre tour, sûrs que, quand la terre entière nous oublierait, il y a un lieu où notre souvenir sera un regret d'abord, un enseignement ensuite, un bonheur toujours ! Voilà le foyer, c'est-à-dire la première moitié de la patrie.

Les autels ensuite, ou plutôt, comme disait la profonde antiquité, les autels d'abord ! *Pro aris et focis !* car sans autels il n'y a point, il n'y a jamais eu de foyers. Croire que l'on peut supprimer les autels et que l'on aura encore des foyers, une maison, un lieu saint où l'on possède une couche honorée, où l'on puisse abriter un berceau, ce sont des illusions auxquelles n'étaient pas descendus les païens, qui ont parlé, vous le savez, de la nécessaire alliance du foyer et de l'autel, dans un langage incomparable, que l'humanité a applaudi de siècle en siècle et qu'elle ne reniera jamais.

Sur ces autels et sur ces foyers, placez une épée, voilà la patrie.

Et aussi, quand nous arrivons dans l'histoire à un de ces moments douloureux, où un grand peuple va être chassé de sa patrie ; quand nous voyons ses frontières envahies, ses foyers dévastés, les tombes de ses ancêtres profanées, les berceaux de ses petits enfants troublés, et l'épée qui devrait tout couvrir brisée et impuissante, nous sommes émus comme s'il s'agissait de notre propre patrie. Nous désirons combattre avec ses défenseurs malheureux ; nous les suivons de nos plus ardentes sympathies sur leurs derniers champs de bataille, et, s'ils succombent, nous avons, par ces immenses infortunes, de secrètes et tendres larmes, qui comptent parmi les meilleures larmes de l'homme.

Encore n'est-ce pas assez ? Car si c'est Dieu qui a fait la patrie, c'est lui seul qui l'ôte et lui seul aussi qui peut la rendre. Et depuis surtout que Jésus-Christ est venu mêler son sang à notre sang, depuis que cette chère et délicieuse image de la patrie ne se compose plus seulement de nos mères, de nos sœurs, de nos frères, de nos enfants, mais des sueurs des saints, des parfums des vierges, du sang des martyrs, des reliques de ce qu'il y a de plus sacré au ciel et sur la terre, nul peuple chrétien ne perd sa patrie que par suite de quelque mystérieux châtiment ; et c'est pourquoi, pour la recouvrer, il ne suffit pas de combattre avec une épée : il faut prier, lever les yeux au ciel, trouver des hosties et des immolations, et envoyer à Dieu, à travers la fumée des batailles, par les lèvres des vierges et des petits enfants, la grande prière des peuples vaincus : « Seigneur, rends-nous la patrie, rends-nous la liberté ! »

Voilà où nous en étions en 1429. Notre épée était brisée, et nos frontières envahies ; et notre épée, l'épée de la France, avait été brisée d'une façon si nouvelle, si étrange, si incompréhensible, si irrémédiable, que, comme disait un auteur contemporain, il fallait bien que Dieu s'en fût mêlé pour quelque grand châtiment. Et dès lors, comment sortir d'un tel abîme ? Il eût fallu trouver une nouvelle épée. Et où la trouver, si Dieu ne la donnait pas ? car la France ne pouvait plus rien ; et quand la France ne peut plus rien sur un champ de bataille, il n'y a plus que Dieu qui puisse quelque chose. Et encore cela n'eût pas suffi ; car si nos malheurs provenaient de nos crimes, ce n'était pas assez d'une épée pour écarter l'ennemi : il fallait apaiser le ciel, et pour cela il fallait trouver une victime.

On en était là ; le découragement gagnait toutes les âmes, quand tout-à-coup les brises parfumées du mois de mai apportèrent sur leurs ailes un bruit étrange : une jeune fille avait paru, et, en trois coups d'épée, elle avait changé la fortune de la France et délivré la patrie ; et comme on était encore dans le saisissement de cette nouvelle, un autre bruit courut la France avec la rapidité de l'éclair : la jeune fille était montée, en pleurant et en priant, sur un bûcher, et avait disparu dans les flammes. Mais le ciel s'était éclairci, l'orage avait disparu, et la France avait repris sa marche vers ses glorieuses destinées. Trahie, vaincue, décimée, châtiée, mourante, à la veille de disparaître du monde sous les armes de ses ennemis et sous les colères de Dieu, elle avait trouvé, dans une jeune fille de dix-sept ans, sa Libératrice et sa Rédemptrice.

C'est ce drame, Messieurs. qu'à votre grand honneur, car cela prouve la fidélité de votre reconnaissance, vous venez entendre pour la vingtième fois ; et je m'effraierais d'être chargé de vous le redire, si les mots de France, de patrie, de religion et de liberté ne devaient retentir à travers toute la trame de mon discours. Or , ces mots-là , vous le savez , ils ont un privilége incomparable : ils ne vieillissent pas. Ce sont de ces mots, pour me servir de l'expression d'un grand écrivain, que l'on redit sans cesse, mais qu'on ne répète jamais.

Monseigneur, je n'ai qu'un regret, c'est qu'ils ne soient pas aujourd'hui sur vos lèvres : ils s'y animeraient d'eux-mêmes ; ils y retrouveraient cet accent qu'ils eurent il y a dix ans, et dont les murs de cette église conservent encore l'impérissable écho.

Mais, du reste, qu'est-il besoin d'éloquence humaine ? L'étendard de Jeanne d'Arc est sous mes yeux ; voici l'église où elle entra triomphante ; je touche d'ici les champs de bataille où brilla l'éclair de son épée ; je respire l'air qui fit vibrer sa noble poitrine..... Magistrats, soldats, prêtres, peuple, enfants de la France moderne, oubliez les lèvres infirmes qui vont balbutier le nom de votre mère, et venez chanter avec moi la vieille France !

I.

L'épée de la France était brisée. Trois fois elle avait volé en éclats dans ses mains : la première fois à Crécy, la seconde fois à Poitiers, la troisième fois à Azincourt. Je rappelle ces noms, je ne dis pas sans douleur, mais sans embarras ; car sur un champ de bataille, la France peut succomber : elle ne s'y déshonore jamais. Et je ne sais même pas si, dans ses défaites, elle n'est pas plus grande encore que dans ses victoires. Car que révèlent ses victoires ? Son courage, son élan, sa joviale ardeur, son mépris du danger, ses entraînements superbes ; mais tout cela, on le voit mieux encore sur les champs de bataille où elle ne triomphe pas ; et de plus, sa magnanimité, sa grandeur d'âme, son dédain de la mort, un amour de la patrie aussi grand que ses malheurs ; et puis, c'est alors que tombent de ses lèvres ces mots héroïques dont elle a le secret au jour de l'épreuve, et qui illuminent de je ne sais quelle gloire triste et charmante tous les champs de bataille où elle a succombé. Depuis le mot du vaincu de Crécy, arrivant le soir, presque seul, à la porte d'une ville, et disant : « Ouvrez, ouvrez, c'est la fortune de la France ; » depuis le mot du prisonnier de Poitiers : « Si la vérité était bannie du reste du monde, on devrait la retrouver sur les lèvres des rois, » jusqu'à cette belle et noble parole de François Ier, à Pavie : « Tout est perdu, fors l'honneur, » et jusqu'à cette autre parole, la dernière que nous ait arraché une défaite, et qui jette sur la sanglante journée de Waterloo un si brillant éclat : « La garde meurt et ne se rend pas ! »

L'épée de la France était donc brisée, et à chaque désastre l'Anglais avait fait un pas de plus sur le sol de la patrie : de Calais à Rouen, de Rouen à Paris, de Paris à Orléans ; semblable à ces fleuves orageux qui renversent les uns après les autres tous les obstacles, et qui ne s'arrêtent un instant contre une digue que pour rouler ensuite des flots plus terribles après l'avoir surmontée. Vainement, comme une espérance qui brille dans un cœur entre deux épreuves, Charles V était monté sur le trône et y avait fait monter avec lui la sagesse ; vainement Duguesclin était descendu sur les champs de bataille et y avait ressaisi un instant l'épée française, cette épée qui est un si étonnant mélange de génie, de courage et de bonheur ; tout cela avait ralenti l'invasion étrangère sans l'arrêter, et Charles V était à peine descendu dans les caveaux de Saint-Denis, Duguesclin venait de se coucher aux pieds de son roi, fidèle dans la tombe comme il l'avait été pendant sa vie, lorsque

tout à coup leurs cendres non encore refroidies furent troublées
par un cri qui épouvantait les voûtes de Saint-Denis : « Vive
Henri VI, roi d'Angleterre et de France ! »

Je ne ferai pas à la France l'injure d'établir qu'elle subissait
en frémissant un pareil spectacle. Douze siècles de liberté, et
tout son honneur, se révoltaient dans ses veines. Aussi, sur
toute l'étendue du territoire, quand on lit les anciennes chro-
niques, on ne voit qu'insurrection. Une vaste guerre de par-
tisans commence. De vieux soldats, débris des armées dispa-
rues, abrités par les bois, les marais, les montagnes, les lacs,
les fleuves, attendent les Anglais aux passages difficiles. Des
bourgeois s'improvisent soldats et gardent des villes, des vil-
lages, des points fortifiés ; des femmes même, des religieux,
des prêtres, oubliant leur âge, leur faiblesse, leur caractère,
leur mission, ressaisissent l'épée brisée de la patrie, et se font
tuer pour en disputer à l'ennemi le sol sacré. Vaste et magni-
fique, mais inutile résistance, qui peu à peu s'éteint, s'abat,
disparaît sous la terreur; ou plutôt qui se serait éteinte et aurait
disparu, si tout-à-coup, comme on voit que, dans un mourant,
la chaleur et la vie se réfugient dans le cœur, s'y défendent, y
protestent contre les envahissements de la mort, et quelquefois
finissent par la vaincre, ce vaste mouvement national ne se fût
retiré, condensé, élevé à son plus haut degré d'héroïsme... où ?
en quel lieu ? en quelle ville? La nommerai-je, cette ville? Le
décrirai-je, ce lieu ? La peindrai-je, cette race ?

Regardez sur la carte. Voyez-vous cette longue ligne d'argent qui serpente à travers les plus belles prairies du monde,
profonde, mobile, n'acceptant ni frein, ni rênes, ni digues,
rejetant tous les jougs, ayant surtout horreur du joug de
l'étranger, le fleuve vierge, le plus français de tous les fleuves,
comme on l'a dit, la Loire ?

Et sur ce fleuve, à peu près à égale distance de son embouchure et de sa source, voyez-vous ce coude, cette gracieuse inflexion qu'il décrit, comme si, arrivé dans de si belles contrées, il voulait en jouir et ne les quittait que lentement, à regret ? Eh bien ! là, au point où devra passer toute armée ennemie, qui, maîtresse d'une partie de la France, aspirera à conquérir l'autre, comme on met une sentinelle choisie à un poste important, Dieu a placé une race faite exprès, ayant la patience et l'incorruptibilité de la sentinelle, en trouvant à l'heure du péril l'héroïsme et la flamme, de ces êtres sur le front desquels brillent l'honneur, la fidélité, le courage, que l'on met aux endroits périlleux, sûr que, pour forcer la ligne qu'ils défendent, il faudra leur passer sur le corps. Voilà quinze siècles qu'elle est à son poste, cette vaillante race, et chaque fois que l'ennemi, un instant heureux, s'est présenté sur les bords de son fleuve, elle a croisé son épée, et elle a dit : « On ne passe pas ; » et on n'est pas passé !

Mais ce mot de la fidélité et de l'honneur, jamais il n'eut sur les lèvres de cette race héroïque, l'accent qu'elle lui donna, en 1429, lorsque l'Angleterre, maîtresse d'une moitié de la France, voulant avoir l'autre, se précipita sur la Loire, et y rencontra tout à coup le soldat intrépide que Dieu et la France y avaient mis en faction. Du premier coup d'œil, Orléans sentit, que, si elle laissait franchir la Loire, c'en était fait de la patrie : l'Angleterre le sentit encore mieux ; et alors, décidée à passer sur le corps de cette sentinelle obstinée, elle réunit toutes ses forces, elle amena ses meilleurs guerriers, et, impuissante à vaincre son courage, décidée à en avoir raison par la famine, elle commença à bâtir ces fameuses bastilles destinées à envelopper la ville et à l'affamer. De son côté, Orléans sent grandir son enthousiasme. Toute la France la regarde :

elle sera digne de la France. Elle brûle ses faubourgs ; elle détruit ses églises ; elle abat ses monuments, gloire du passé, ornements du présent ; elle fond tous ses trésors, les pierreries de ses femmes, les joyeux anneaux de ses jeunes filles, les vases sacrés de ses prêtres ; et pendant huit mois, mêlant sur ses remparts la patience, l'héroïsme, la gaîté, envoyant à l'ennemi des boulets avec des plaisanteries, française et chrétienne, elle donne à ce siècle et à tous les siècles un de ces spectacles qui relèvent l'homme dans sa propre estime et qui le consolent de toutes les lâchetés dont ce monde est trop souvent le théâtre. Orléans, tu vivras longtemps, car de tels actes déposent dans les fondations d'une cité des germes de vie impérissable, et longtemps tu verras l'étranger visiter avec émotion le sol sur le quel se tinrent debout de si vaillants remparts ! Mais si jamais, ce qu'à Dieu ne plaise ! le temps, qui n'épargne rien, faisait pencher tes belles tours et tomber peu à peu tes monuments ; si la pâle lumière des nuits devait un jour éclairer tristement tes grandes ruines éparses sur les bords de ton fleuve, on y viendrait encore en pèlerinage, comme nous allons aux Thermophiles ou aux champs de Platée, et on baiserait avec respect cette terre où la liberté, l'honneur, l'héroïsme, la patrie trouvèrent un refuge, quand ils n'en avaient plus nulle part.

Cependant la famine se faisait sentir à Orléans : au lieu d'accourir à l'aide d'une cité si fidèle, le roi s'endormait dans la torpeur ; le découragement, prélude de nouveaux revers, saisissait toutes les âmes. L'épée de l'attaque avait été brisée à Crécy, à Poitiers, à Azincourt ; l'épée de la résistance allait être brisée à Orléans. Encore un pas, et c'en était fait de la France ! Mais quoi ! la France allait périr ! La fille aînée de l'Église allait manquer à sa mère ! Le soldat de Dieu, comme dit Shakespeare, allait disparaître du monde ! Ah ! la France avait fait bien des fautes, je le sais, et je les raconterai tout à l'heure en pleurant. N'était-ce pas elle pourtant qui, la première, en face de l'arianisme triomphant des barbares, avait confessé Jésus-Christ et arraché aux papes, sur le baptistère de Saint-Denis, le fameux barbarisme : *Christianissimum regnum?* N'était-ce pas elle qui, lorsque Mahomet avait relevé l'idée d'Arius à la pointe de l'épée, l'avait arrêté tout court et écrasé dans les champs de Poitiers? N'était-ce pas elle qui, indignée des violences du Bas-Empire, avait entouré la Papauté d'une ceinture de villes, et lui avait donné la souveraineté, comme le bouclier de sa liberté? N'était-ce pas elle, enfin, qui avait fait les croisades, et donné à l'Église saint Bernard et saint Louis, en attendant le jour où elle lui donnerait saint Vincent de Paul et Bossuet. C'étaient là les couronnes que Dieu voyait sur le front de la France, qui retenaient son bras, et qui ne laissaient point de place au glaive pour faire à cette tête vénérable une de ces blessures dont on ne se relève pas.

Et puis, ce n'était pas seulement l'Église qui avait besoin de la France : c'était l'Europe, c'était l'humanité tout entière. Quoi ! la France, la plus chevaleresque nation du monde, allait disparaître ! Le peuple de l'initiative, du progrès, de l'honneur, le peuple qui met sa gloire à semer les idées, à éclairer les nations, à répandre au prix de son sang ce qu'il estime le bien, le vrai, le beau, la civilisation, ce peuple-là manquerait à l'humanité ! L'Angleterre le dévorerait ! Et qui résisterait à l'Angleterre, quand la France aurait succombé? Où serait le refuge des peuples faibles? Qui protégerait les peuples opprimés? Que deviendrait la liberté humaine et l'indépendance des patries? Non, non, mon Dieu, vous ne permettrez pas de telles choses ! Dieu de la vertu, de l'héroïsme, de la sainteté, vous n'ôterez pas la France à l'Église ! Dieu de la liberté, de l'honneur, du progrès, de la civilisation, vous n'ôterez pas la France à l'Europe et à l'humanité !

Tout-à-coup, au moment où les dernières ressources d'Orléans commençaient à s'épuiser, un bruit étrange arriva dans la ville. On disait qu'une jeune fille avait passé par Gien à la tête d'une petite troupe, venant de Lorraine et se rendant à Chinon, chargée, disait-elle, de délivrer Orléans et de faire sacrer le roi. Dans le malheur, on se rattache à la moindre espérance. Vîte, on envoie des députés pour savoir ce qui en est. Le lendemain, nouveaux bruits, plus étranges, plus détaillés, plus mystérieux : elle est arrivée à Chinon ; elle a vu le roi ; elle lui a dit un grand secret ! Quelques-uns, dans la ville, branlaient la tête ; mais c'était le petit nombre. Les autres attendaient avec anxiété le retour des députés. Ils arrivent enfin. Ils l'ont vue : elle a dix-sept ans ! La foule s'empare des députés, les traîne sur la grande place pour les entendre ; et là, devant ce peuple héroïque, ému, pleurant, qui n'ose y croire de peur d'une déception, ils racontent ce qu'ils savent d'elle. C'est une petite bergère, qui ne sait ni lire, ni écrire. Elle paissait ses moutons auprès de la maison de son père, lorsque l'ange saint Michel lui a apparu et lui a dit : « Va, et délivre Orléans, et conduis le roi à Reims. » Elle ne voulait pas venir ; il a fallu que les anges la forcent. Elle est si douce que personne ne la croyait capable de tenir une épée, et l'on refusait même de l'entendre ; mais elle a dit quelque chose tout bas à l'oreille du roi, et tout de suite le roi lui a fait donner un cheval. Il a voulu lui donner une épée ; mais elle a déclaré que Dieu lui en avait préparé une, et qu'on la trouverait dans une église qu'elle a nommée, sous un autel. On lui fait un étendard à Tours. Elle va venir, elle vient : courage ! Et la foule, émue, enthousiasmée, court à l'église, monte sur les remparts et envoie la nouvelle aux Anglais, qui rient, mais qui se sentent atteints. Quant à eux, les braves d'Orléans, « ils se sentent déjà désassiégés (1). »

Et ce n'était pas un rêve ! Et ce n'était pas là une de ces belles légendes comme il en naissait sous le pinceau brillant du Tasse ! Et la réalité allait dépasser l'espérance ! Et l'imagination qui contemple cette noble et singulière figure jouit moins encore que la pensée philosophique qui l'étudie, ou l'érudition qui l'approfondit !

Voilà donc vos desseins, ô mon Dieu !... Pour sauver la France, vous ne prenez pas un soldat ! Les soldats de génie ne sont pas assez rares en France, pour que leur apparition, même dans les jours désespérés, puisse ressembler à une intervention d'en haut. Une femme, une jeune fille, presque un enfant, c'est assez dans vos mains ! Sous ce voile transparent, on verra mieux la puissance de votre bras !

Mais cette faible femme, hâtons-nous de le dire, Dieu ne la choisit pas seulement parce qu'elle est faible ; il la choisit parce qu'elle est femme. La femme n'aime pas plus sa patrie que l'homme ; mais, dans les grandes douleurs que celle-ci traverse, la femme souffre plus, et surtout souffre mieux. Elle ne désespère pas si vite : le cœur lui reste, quand quelquefois celui de l'homme ne bat plus. Ces êtres si faibles, Dieu les a faits pour soutenir la tête fatiguée de l'homme, pour lui rendre la foi à lui-même, quand, après de tristes mécomptes, le doute entre dans son âme ; pour le préserver du découragement ; pour

____

(1) Voir, pour tous ces faits, le beau travail de M. Mantellier, président à la Cour impériale d'Orléans, sur la délivrance du siège d'Orléans.

entretenir en lui le feu sacré. Voilà pourquoi il a mis dans le cœur de la femme deux dons douloureux et célestes, la pitié et l'enthousiasme, le don de s'attendrir et celui de s'enflammer ; et de là vient que, quand la patrie est en danger, quand elle ne peut être sauvée que par une immense pitié et un vivant enthousiasme, s'il faut un miracle, c'est du cœur de la femme qu'il faut l'attendre.

Et cette femme prédestinée à sauver la France, vous savez à quel âge Dieu la choisit. A dix-sept ans, dans la fleur de la sensibilité et de la tendresse, à l'âge où l'on a peur d'une feuille qui tombe, et où l'on pleure à cause d'un nuage qui passe. Et toute sa vie, pour que le prodige éclate, elle restera telle. Vous la voyez se lancer au milieu des troupes ennemies, faire feu des quatre pieds de son cheval, rallier ceux qui ont peur, crier : « En avant, en avant ! et si elle rencontre un blessé, si le fer la touche, si une goutte de son sang apparaît, à un cri, à une larme, à un effroi naïf, à une peur d'enfant, sous le soldat vous retrouvez la jeune fille. Mélange singulièrement attachant de la faiblesse et de la force, du guerrier et de la femme, que tous les poètes ont rêvé comme une chose qui enchanterait le monde si on parvenait à la peindre, et que Dieu, ce grand artiste, a fait pour sauver la France, et pour l'enchanter après l'avoir sauvée.

Et cette femme, cette jeune fille, cet être si doux et si tendre, pour que nulle gloire ne lui fût refusée, Dieu voulut qu'elle fût vierge ! Elle n'eut pas seulement la virginité de son âge, puisqu'elle avait achevé sa mission et disparu de la terre à dix-neuf ans ; elle n'eut pas seulement la virginité de son patrio-tisme : ah ! elle aimait trop la France, la France humiliée, la France qui se mourait, pour que son cœur pût s'ouvrir à aucun autre amour ! Elle eut une virginité plus haute, supérieure, tout à fait divine. La première fois que ses voix lui parlèrent et qu'elle entrevit la grande mission qui l'attendait, elle promit à Dieu de rester pure d'esprit, de cœur et de corps, pour être plus digne de porter dans ses mains l'épée libératrice de la France ; et quand on la suit au milieu des camps, sur les champs de bataille, au fond de la prison, jusque sur le bûcher, il y a en elle des délicatesses de pudeur, des soins de virginale innocence, qui ravissent.

Est-ce tout, Messieurs ? Est-ce là le chef-d'œuvre que Dieu nous préparait dans son amour ? Oh ! non ; pour que les séductions de la terre s'ajoutassent en elle aux séductions du ciel, cette femme, cette jeune fille, cette vierge, Dieu la fit Française ! Il mit sur son front de dix-sept ans, sur sa douce, et vive, et modeste, et ardente physionomie, tout ce qui fait l'honneur du caractère français. Ce caractère, vous le connaissez mieux que moi, et je ne devrais pas le peindre ; mais c'est une joie qu'il faut que vous me laissiez ; il se compose de quatre éléments incomparables. D'abord, à l'origine, une goutte de sang gaulois, je ne sais quoi de gai, de vif, de railleur, ce qu'on a si bien appelé le sel gaulois, l'alouette gauloise. L'alouette ! vous savez, quelque chose de gai, de vif, de léger, qui monte en chantant dans la lumière. Ensuite une goutte de sang romain ; c'est la solidité, le bon sens, la droiture, la clarté, ce qui a fait notre langue, notre droit, notre magistrature, cette incomparable magistrature française dont je suis heureux de saluer ici les nobles représentants. En troisième lieu, une goutte de sang franc. C'est de là que vient notre épée, la francisque, rapide, sûre de son coup, invincible, qui est devenue plus tard la baïonnette, la véritable arme française. Et enfin le sang chrétien, le sang du Calvaire, le sang du sacrifice et du dévoûment, le sang qui bouillonne dans nos veines quand nous voyons le droit enchaîné, la faiblesse outragée, l'honneur méprisé, comme ce vieux roi franc, notre aïeul, qui, entendant le récit de la Passion, mettait la main sur son épée, et disait : « Que n'étais-je là avec mes Francs ! »

Voilà la France ! et voilà Jeanne ! Je cherche dans nos annales une figure plus française, et je n'en trouve point. Charlemagne a la gravité romaine, l'élévation chrétienne ; il n'a pas assez de sel gaulois. Henri IV a le sel gaulois, ce n'est pas cela qui lui manque ; il n'a pas assez peut-être de sang chrétien. En saint Louis, les éléments se fondent mieux ; mais tout cela se perd dans une lumière si céleste, qu'on a plus envie de s'agenouiller devant l'habitant du ciel qui a touché un instant notre terre, que de contempler et d'admirer le Français, quoiqu'il le fût jusqu'à la moelle des os. Jeanne a tout : l'intrépidité, l'élan, le bon sens, la fine raillerie, la sensibilité, la tendresse, l'enthousiasme ; et avec cela, elle est femme, elle est vierge, elle a dix-sept ans : c'est incomparable !

Et cette fleur exquise du caractère français et chrétien, vous savez où elle s'épanouit. Dans un pli caché d'une colline obscure, auprès d'une église dédiée à saint Rémy, sur une terre qui appartenait à l'abbaye de Reims, comme si Dieu eût voulu faire sentir à la France qu'elle ne serait jamais digne d'être délivrée que si elle se replongeait dans ce baptistère sacré où elle était devenue la France.

Mais c'est trop nous arrêter à contempler cette suave figure. O Jeanne, prenez votre épée, revêtez votre blanche armure, et partez ! Dieu vous appelle, la France souffre, et Orléans vous attend. Quand Judith sortit des tentes d'Israël, Dieu laissa tomber sur son front un rayon de beauté divine : « *Cui etiam*

Dominus contulit splendorem. » Quand Cyrus vint délivrer le peuple d'Israël, Dieu mit dans son bras une force invincible : « *Dominus tecum, virorum fortissime... Vade in hac fortitudine tua... Ego ero tecum.* » O Jeanne, allez, comme Cyrus, avec votre force invincible ; ô Jeanne, allez, comme Judith, avec votre beauté divine ; et que les amis ne puissent pas plus résister au charme divin de toute votre personne, que les ennemis ne sauront éviter la toute-puissance de vos coups !

Elle part ; et la première chose dont Dieu la revêt, pour la rendre capable de son extraordinaire mission, c'est un charme que je ne sais comment expliquer, mais auquel nul ne résiste. Qu'était-ce que ce charme ? Et en géneral, qu'est-ce que le charme ? Qui le définira jamais ! Était-ce seulement en Jeanne le rayonnement tout-puissant d'une grande âme sur une virginale figure ? N'était-ce que cet épanouissement du caractère français et chrétien, élevé en elle à sa plus haute beauté ? Ou bien l'ange invisible qui accompagnait ses pas laissait-il tomber sur son front un rayon de sa lumière ? je n'en sais rien. Toujours est-il que tout y succombe : le vieux et rude capitaine de Baudricourt, les compagnons de son premier voyage, le roi et sa cour indolente, les scrupuleux et froids théologiens de Poitiers, les soldats dissolus de l'armée, le peuple héroïque d'Orléans ; et elle ne rayonne pas seulement sur eux tous le feu guerrier, l'enthousiasme, l'honneur, l'amour de la patrie, mais la piété, la pureté, l'amour de Dieu. Elle purifie les camps ; elle réapprend la prière, la confession, la pénitence à ses soldats ; elle les fait agenouiller chaque matin devant Dieu. Et quand elle est entrée à Orléans, à la tête de cette armée pénitente ; quand les prêtres, le peuple, les femmes, les enfants, l'ont vue arriver, agitant sa bannière blanche, revêtue de son armure, plus ange que femme ; avant même qu'elle ait tiré l'épée, elle est déjà le salut, la gloire, l'idole de ce peuple qui lui baise les mains. Comment cela s'est-il fait ? Par quelle charme a-t-elle vaincu ? Par ce je ne sais quoi qui brille dans ses traits, qui illumine sa figure de vierge, de sainte et de héros. « *Cui etiam Dominus contulit ei decorem.* »

Mais ce charme, cet attrait tout divin, n'était que pour grouper autour d'elle les amis. A Poitiers, elle avait dit : « Je ne suis pas venue pour faire un signe ici. Menez-moi à Orléans ; c'est là que je ferai un signe. » Ce signe, on l'attendait ; il fut éclatant. A peine Jeanne a touché le sol d'Orléans qu'elle se transforme. Ce n'est plus cette timide bergère que l'on croyait incapable de tenir une épée ; ce n'est pas seulement ce soldat intrépide qui a été blessé partout où il a paru : blessé à Orléans, blessé à Jargeau, blessé à Paris ; c'est un général, et un général consommé ; elle en a à la fois la prudence et l'audace, les coups décisifs, les manœuvres savantes, les illuminations soudaines, avec je ne sais quel élan qui est du soldat aujourd'hui plus que du général, mais qui était alors du général autant que du soldat. Cette ville bloquée de toutes parts, que vingt capitaines des plus illustres n'ont pu délivrer, fermée par de redoutables bastilles, entourée d'une armée nombreuse, aguerrie, électrisée par ses victoires, pour la débloquer, il ne lui faut que trois coups d'épée ; mais quels coups !

Le premier jour, réveillée en sursaut par une sorte de pressentiment mystérieux : « Mes armes ! mes armes ! » crie-t-elle. Et comme son page jouait sur le seuil : « Ah ! méchant garçon, lui crie-t-elle, tu ne me disais pas que le sang de France coulait ! Vite, mon cheval ! » Elle part ; elle trouve à Saint-Loup les Français qui plient. Elle les rallie, les ramène au combat, refoule les Anglais, assaille la forteresse, la brûle et dégage la rive droite de la Loire. Ce fut son coup d'essai ; il ne lui coûta que quelques heures. Après quoi, elle rentre en triomphe à Orléans, au son de toutes les cloches, au milieu d'un peuple qui pousse des cris de joie, et qui comprend, à ce premier coup, que l'épée divine est apparue.

Le second est plus brillant encore. Deux jours après, pour dégager l'autre rive de la Loire, elle passe le fleuve sur de méchants bateaux, en face de l'ennemi, ce qui fut toujours une des opérations militaires les plus difficiles, et se précipite avec ses troupes sur la bastille des Augustins. Vainement les Anglais résistent ; vainement les Français, un instant refoulés, parlent de repasser le fleuve. Semblable à ce général français qui, arrivé sur la tour de Malakoff, disait: « J'y suis, j'y reste, » Jeanne s'obtine à rester, et bientôt, en effet, la bastille des Augustins est à elle. Du premier coup de son épée elle avait dégagé un des côtés de la Loire ; du second elle dégage l'autre ; elle est maintenant assise sur les deux rives.

Restait la fameuse bastille des Tourelles, où s'étaient réunies et massées les meilleures troupes anglaises. Pour cette raison et pour d'autres, les capitaines français s'étaient décidés à ajourner l'attaque. « Vous avez été en votre conseil, leur dit Jeanne en souriant, et moi j'ai été au mien. » C'était le conseil de son Dieu qu'elle prenait toujours avant de se battre, et quand ce n'eût pas été le conseil de son Dieu, c'était le conseil de son génie ; car à la guerre il faut être agile comme un aigle, prompt comme un lion ; il faut ne pas laisser respirer son adversaire ; il faut l'accabler ; il faut l'étourdir ; il faut tomber sur lui quand il vous croit encore à cent lieues. Ainsi faisaient Alexandre, César, Napoléon ; ainsi fit Jeanne. Victorieuse deux fois, au lieu de s'arrêter, de laisser refroidir ses troupes, elle les lance tout ardentes sur les Tourelles. Là on vit de beaux combats. Les Français se ruaient à l'attaque, dit un contemporain, comme s'ils eussent été immortels ! Les Anglais se défendaient comme s'ils eussent désiré la mort. Là les plus vaillants généraux luttent corps à corps comme de simples soldats. Jeanne s'expose plus que personne. Pour tout enlever par un coup d'audace, elle prend une échelle, l'applique contre la bastille, et elle y plantait son étendard, quand une flèche lui traverse le cou vers l'épaule. Les Anglais poussent des cris de joie. On l'emporte. Les Français redoublent d'ardeur pour lui donner le temps de faire panser sa blessure ; mais déjà ils cédaient, quand Jeanne, qu'on avait désarmée, aperçoit le mouvement. La flèche sortait de deux largeurs de main derrière l'épaule. Elle l'arrache elle-même, s'agenouille un instant, puis se rejette au milieu de ses troupes, où sa présence, sa voix, son étendard, le sang qui teint son armure, la flamme que ses soldats voient dans son regard, les retourne, les rallie, les soulève d'enthousiasme et de colère, et les Tourelles sont emportées. Et le soir Jeanne rentrait humble et fière, renvoyant à Dieu tout l'honneur d'une journée dont son armée lui renvoyait à elle-même toute la gloire, et elle venait s'agenouiller ici, dans cette cathédrale, et y remercier le Dieu de Moïse, de David, de Déborah, de Judith, des Macchabées, le Dieu qui humilie les peuples dans la poussière, et qui les sauve quand il lui plaît par la main des bergers ou des femmes ! A partir de ce jour, on ne vit plus d'Anglais sous les murs d'Orléans.

Jeanne aurait pu s'en tenir là, mais elle savait trop le prix du temps. Après avoir donné à ses troupes quelques jours de repos, hardie et ardente, sachant que le premier caractère d'un vrai capitaine, c'est de tirer tout le fruit possible de sa victoire, elle commence cette brillante campagne de la Loire qui dure une semaine à peine et qui s'achève, elle aussi, en trois coups décisifs. Les Anglais avaient abandonné la ville, mais ils étaient campés à peu de distance, sur deux points importants : du côté de l'est, à Jargeau ; du côté de l'ouest, à Meung, interceptant ainsi toute la navigation de la Loire. Jeanne n'hésite pas : il faut débloquer la Loire après avoir débloqué Orléans. Elle remonte la Loire jusqu'à Jargeau et culbute les Anglais ; et puis, descendant en toute rapidité sur Meung, elle les renverse à l'ouest ; après quoi, les ayant écrasés à droite et à gauche, elle fonce sur eux, les cherche à travers les plaines de la Beauce, déclare que, quand ils seraient pendus aux nues, elle les trouvera ; elle les trouve en effet, et, comme elle l'avait dit en riant, pour qu'il n'en reste pas un sur le champ de bataille, il ne manque aux Français que des éperons.

C'est après cela que, toujours rapide, elle va prendre par la main le roi, qui, hélas ! hésite toujours, et le conduit d'ovations en ovations à Reims, où elle dépose sur sa tête la couronne de saint Louis. Voilà ce que vit la France dans l'espace de quelques mois ; et, ce qui est encore plus beau, elle vit cette jeune fille rester humble au milieu de tels succès ; refuser les hommages d'un peuple ivre de reconnaissance ; écarter de la main les femmes qui venaient lui faire toucher leurs petits enfants, et les soldats qui baisaient à genoux son étendard et qui voulaient approcher leurs armes de son épée nue pour les rendre invincibles ; et oublieuse d'elle-même dans un si grand triomphe, renvoyant à Dieu toute gloire, ne demander à la France qu'elle avait sauvée, et au roi qui lui devait sa couronne, que la liberté de retourner sous l'humble toit de son père, et le bonheur de finir sa vie comme elle l'avait commencée, en gardant les troupeaux.

Mais elle demandait l'impossible : elle était trop pure pour n'avoir qu'une couronne d'or ; elle était trop grande pour n'en n'avoir point du tout. Dieu lui en préparait une qui serait digne d'elle, cette couronne d'épines qu'il déposa un jour sur la tête du plus grand des Libérateurs.

Et cette couronne, elle ne la reçut pas seulement comme une récompense ; la porter fut une partie de sa mission, et la plus féconde, sans nul doute, comme aussi la plus belle. O Jeanne, vous dites que votre mission est finie ; agrandissez votre cœur ; elle est à peine commencée.

II.

C'est un grand nom que celui de Libérateur ; il y en a cependant un autre qui est plus grand encore ; il y a une gloire plus élevée, plus profonde, tout à fait rare, d'un autre ordre : c'est celle de Rédempteur.

Oui, et l'antiquité elle-même ne me désavouera pas, quand un peuple a méconnu les éternelles lois de la justice, il faut qu'il périsse ou qu'il se rachète. « La peine suit le crime, a dit Homère, d'un pas lent et sûr. » Et comme le crime se multiplie à certaines époques dans un peuple, la peine, se multipliant ainsi, finirait par détruire ce peuple, si, en même temps qu'elle est un châtiment qui tue, elle n'était une expiation qui sauve. Et voilà pourquoi Dieu renverse des empires, il bouleverse le monde, il multiplie les catastrophes, non pas toujours pour les fins qu'imaginent les politiques, mais pour donner aux peuples l'occasion de souffrir et de se racheter en souffrant.

Et si le peuple subissait mal sa peine et s'endurcissait dans l'infortune, savez-vous ce que Dieu fait ? Il n'abandonne pas si vite une nation rachetée par son fils ; il appelle en secret toutes les âmes saines et pures à l'honneur d'expier pour ceux qui n'expient pas. Alors, pendant que soufflent sur le monde des vents de corruption et de vertige, on sent passer sur les solitudes des souffles de pénitence ; alors les vierges, dans leurs cloîtres, se font plus pures, pour devenir des victimes plus parfaites. Et si c'est peu encore, si le sang versé dans l'amour ne suffit pas à faire contre-poids au sang versé dans le mal, Dieu ne se décourage pas : il avise dans la foule quelque plus noble holocauste, quelque grande âme, pure de toutes les hontes passées, assez élevée pour représenter tout un peuple, assez généreuse pour accepter l'expiation ; il la met sur la croix, et un jour, quand tous les secrets des temps seront dévoilés, nous verrons « que les changements les plus heureux qui se sont opérés parmi les nations ont presque toujours été achetés par de sanglantes catastrophes dont l'Innocence était la victime (1). »

Voilà, Messieurs, ce dont la France avait besoin en 1429, car, au milieu des malheurs effroyables par lesquels Dieu punissait ses crimes, elle souffrait, mais elle ne se rachetait pas.

Sous le feu des Anglais, quand elle était déjà à moitié rayée de la liste des nations indépendantes, la corruption allait son train. Et quelle corruption ! comment la peindrai-je ? Comment indiquer seulement d'un trait ce qu'était la cour d'Isabeau de Bavière, et celle de Charles VII, vainement visitée par le malheur, et celle de Philippe-le-Bon, devenue une sorte de sérail turc en pleine chrétienté ? Toute la France le voyait, et elle se corrompait en le voyant.

(1) De MAISTRE, *Traité sur les sacrifices*, ch. III.

Et si on traitait ainsi la sainteté du mariage, la pudeur et la
paix du foyer domestique, que faisait-on de l'honneur, de la justice, du droit, de la patrie, de la patrie surtout, trahie, vendue,
livrée à l'étranger par des Français ? J'ai vu exhumer de terre et
j'ai tenu dans mes mains, il y a une quinzaine d'années, le crâne
de Jean-sans-Peur, brisé par la hache traîtresse de Tanneguy
du Châtel, et en contemplant cette entaille profonde dont un
religieux disait autrefois à François Ier : « C'est par cette ou-
verture que les Anglais sont entrés en France, » je sentais
s'amonceler dans mon âme les flots d'une indignation dont je
n'étais plus maître. Quoi ! vous êtes Français, gentilshommes,
rois, fils de rois ! vous êtes chrétiens ! et, pour vous débarras-
ser d'un rival, vous ne trouvez rien de mieux qu'un coup de
hache, masqué par une sacrilège hypocrisie ! et vous, duc de
Bourgogne, mille fois plus coupable encore, pour vous venger
de cette trahison, vous livrez la France à l'étranger ! oubliant
ainsi et que la France n'était pas coupable des perfidies d'un
parti, et que, l'eût-elle été, la patrie est quelque chose de si
sacré, de si vénérable, que, pour quelque raison que ce soit,
quand elle serait mille fois ingrate, il faut l'aimer toujours et
ne la trahir jamais !

Et si la famille était ainsi conspuée, si la patrie était dé-
chirée ainsi, que faisait-on de l'Église ? L'Église venait de tra-
verser les jours les plus déplorables. Qui les lui avait faits ?
Qui avait amené les papes à Avignon ? Qui les y avait mainte-
nus pendant soixante-douze ans, au mépris des larmes de
l'Église ? Et quand, pressé par sainte Catherine de Sienne,
Grégoire XI retourna à Rome, d'où vint ce grand schisme
d'Occident, si fatal à la chrétienté ? Qui sema pendant un
siècle ces germes de division, d'où naquirent les scènes désas-
treuses de Constance et de Bâle, présage et prélude de la

grande révolution religieuse du XVIe siècle ? Qui ? Ayons le courage de le dire : la France.

Et voilà pourquoi un jour on vit passer sur la France des nuages tout chargés de la colère céleste. Et voilà pourquoi, sur les champs de bataille, nos soldats sentirent leur épée se briser dans leur main ; pourquoi nos frontières furent violées ; pourquoi le roi, la noblesse, le clergé, l'armée, le peuple tombèrent dans des abîmes si profonds qu'il devint bientôt évident que c'était Dieu qui y avait plongé la nation et que c'était lui seul qui pouvait l'en tirer. Et voilà pourquoi enfin, quand Dieu se laissa toucher, en se souvenant de Clovis, de Charlemagne et de saint Louis, comme la France ne portait pas noblement, magnanimement ces douleurs, résolu néanmoins à pardonner, il chercha quelque grande victime qu'il pût charger de tous les péchés du peuple, et ses yeux tombèrent sur cette angélique jeune fille qui avait délivré la France et qui était digne de la racheter. Elle était vierge. Elle était innocente de toutes les hontes et de toutes les horreurs. Elle représentait la France plus que qui que ce fut alors. Elle avait ce qu'il faut aux victimes : un jeune front couronné de beauté et de gloire. Apprêtez, apprêtez le bûcher ! Et vous, innocente enfant, montez-y avec le cœur d'une victime, et qu'il soit dit, à votre gloire éternelle, qu'après avoir été la Libératrice de votre peuple, vous en avez été la Rédemptrice.

Et si quelques-uns étaient tentés de la plaindre, je leur dirais : Ah ! ne pleurez pas ; elle est trop heureuse ! Délivrer sa patrie, quelle joie ! Mais, après l'avoir délivrée, n'en avoir point de récompense ; mais voir s'élever contre soi ceux même qu'on a sauvés ; mais avoir mérité une couronne et n'avoir qu'un échafaud, et y monter à dix-huit ans, trahie, abandonnée, flétrie, c'est un sort si beau que Platon n'estimait pas qu'il y eût rien sur la terre qui fût plus digne des regards de Dieu et des applaudissements des hommes ! Et si Platon parlait ainsi, que dirons-nous donc, nous, les fils du Calvaire ? Par la pureté de sa vie, par la beauté de son âme; par sa fidélité à sa mission, Jeanne avait mérité un sort achevé, et Dieu le lui préparait, afin que, vierge, femme, soldat, hostie, martyre, portant toutes les couronnes, brillant de toutes les gloires, elle charmât et attendrît jusqu'à la fin le peuple chevaleresque dont elle fut à la fois l'épée et la rançou.

Elle eut le pressentiment de ce qui lui était réservé, presque au lendemain du sacre. Jamais cette douce et pure enfant n'avait pu supporter les désordres des gens de guerre ; elle s'emportait contre eux et les frappait même quelquefois, du plat de son épée seulement ; elle l'avait fait à Orléans. Or, au sortir de Reims, rencontrant un jour quelques soldats qui se conduisaient mal, elle s'élança sur les coupables, et en frappa un, du plat de son épée. Mais cette fois, la virginale épée ne soutint pas le contact ; elle se brisa en deux, et on ne put pas la reforger. C'était l'épée miraculeuse qu'elle avait trouvée sous l'autel de Sainte-Catherine de Fierbois, et qui avait opéré tant de prodiges dans sa main. Depuis, Jeanne ne porta plus d'épée. Au fait, pour le grand ministère qui lui restait à accomplir, elle n'en avait plus besoin.

Un autre jour, après avoir communié dans une église, elle appuya tristement sa tête contre un pilier, et après y être demeurée longtemps pensive et recueillie, elle dit aux bonnes gens qui l'attendaient sur le seuil de l'église : « Mes bons amis et mes chers enfants, je vous le dis en assurance, il y a un homme qui m'a vendue ; je suis trahie, et bientôt je serai livrée à la mort. Priez pour moi, je vous en supplie ; car, hélas ! je ne pourrai plus servir mon roi ni le noble pays de France. » A chaque instant il lui échappait des mots pareils. A sa mère, par exemple, qui, toute heureuse et toute fière à Reims, lui disait : « Mais, ma petite Jeanne, tu ne crains donc rien dans les batailles ? — Non, répondit-elle gravement, je ne crains que la trahison. »

Faut-il maintenant vous dire comment se réalisèrent les tristes pressentiments de Jeanne ? J'hésite. Je n'ose sonder ce point, de peur de trouver, dans la triste histoire dont il me reste à vous faire le récit, une honte de plus. O Compiègne ! Compiègne ! comment ne se séchèrent-elles pas, les mains qui tenaient les chaînes de ton pont-levis, au moment où il se leva et ferma le passage à Jeanne ! Reconnue à ses vêtements, à son étendard déployé, elle fut prise, et du champ de bataille où elle avait fait des prodiges d'héroïsme pour donner à ses troupes le temps de rentrer, elle tomba dans une prison, aux cris de joie de l'ennemi. Il croyait ressaisir enfin cette France qui commençait à lui glisser dans la main !

Quelle fut la douleur de la pauvre enfant, quand elle vit des Anglais monter la garde à la porte de sa prison, et qu'elle sut, sans pouvoir se l'expliquer, car elle avait remis son épée à un Français, qu'elle était entre les mains de l'Angleterre ! Tout son sang français bouillonna dans ses veines. Elle eut là, au premier moment de sa captivité, son jardin des Olives, avec des abattements et des découragements qui allèrent jusqu'à la mort. « Ah ! disait-elle en pleurant, j'eusse mieux aimé mourir que d'être mise aux mains des Anglais ! » Et puis, Compiègne qui allait être prise ! et les habitants qui seraient passés au fil de l'épée ? Et la France, la France qu'elle ne pouvait plus secourir ! Elle plia sous toutes ces pensées, et, incapable de porter le poids d'une telle tristesse, voyant venir le calice amer, en détournant malgré elle la tête, pour échapper à l'Angleterre, pour aller une dernière fois au secours de la France, ah ! je n'ai pas le courage de la blâmer,.. elle se précipita du haut de la tour. On la ramassa étourdie et évanouie, et, à partir de ce jour, cette douce colombe connut toutes les horreurs de la plus cruelle captivité. On la conduisit à Rouen, enchaînée. On fit faire, pour être plus sûr de la garder, une cage de fer ; des chaînes lui serraient les pieds et les mains, et l'attachaient nuit et jour à un pilier ; et tel était la peur qu'avait l'Angleterre de voir Jeanne lui échapper, que, pendant une maladie qu'elle fit dans sa prison, brûlée par la fièvre, épuisée, mourante, on ne put pas obtenir qu'on desserrât un instant les anneaux de fer qui l'accablaient. Et qu'était-ce que ces chaînes, à côté des outrages qui la poursuivaient jusque dans les ténèbres de sa prison ? Jettons un voile sur des choses que la sainteté de cette chaire ne permet pas de raconter, et disons seulement que, comme les périls furent ici plus grands que dans les camps, jamais aussi la chasteté toute d'or, la pureté virginale de cet ange ne resplendit d'un plus bel éclat, à ce point qu'un historien moderne, très-érudit, mais peu chrétien, n'a pas craint de dire que Jeanne avait été martyre de la pureté.

Mais si cruel qu'il pût être pour cette vaillante jeune fille, qui aimait si passionnément la France, de tomber entre les mains des Anglais, ce n'était là qu'une petite partie de la coupe amère. Mourir entre les mains des Anglais, quelle douleur ! Mais mourir de la main des Français, elle, la libératrice de la France ! voilà ce qu'elle n'eût jamais soupçonné, et ce que Dieu permit pour lui faire une immolation qui répondit à l'immensité de nos fautes. Et c'est là, pour le dire en passant, ce qui me rend si odieuses ces trahisons qui amènent l'étranger au sein d'une patrie ; parce que, sous la pression de la peur, l'esprit, le caractère, le cœur, l'âme d'une nation périssent quelquefois encore plus que ses frontières.

Jeanne avais remis son épée à un Français ; et il semble que les lois de la guerre et de la chevalerie, son âge, son sexe, sa beauté, la pureté de ses mœurs, la grandeur de son nom, tout devait lui assurer les sauvegardes, les pitiés, les respects qu'on devait à un guerrier qui s'était rendu, et à une femme qui faisait l'admiration d'un peuple. Mais l'Angleterre voulait avoir Jeanne : pour la tuer d'abord, et par ce moyen briser le charme ; pour la déshonorer ensuite, afin de déshonorer du même coup le peuple et le roi ; et qu'il fût dit que l'un et l'autre s'étaient laissé conduire à Reims par une sorcière. Elle voulait l'avoir ; elle l'eut : et ce Français, ce misérable qui ne méritait pas l'honneur d'avoir reçu l'épée de Jeanne, et dont le nom assurément ne souillera pas mes lèvres, la vendit pour de l'argent.

Et non-seulement elle fut vendue par un Français, mais elle fut jugée par des Français, condamnée par des Français, brûlée par des Français. Du moins, quand le vainqueur d'Austerlitz tomba entre les mains des Anglais, sur ce rocher où on le cloua comme un grand aigle vaincu, et où on eut l'infamie de le laisser mourir à petit feu sans lui donner la consolation d'embrasser son fils, je ne vois point de Français. Il n'y en a d'autres que ceux qui s'exilèrent volontairement pour montrer à l'illustre captif le visage de la patrie. Mais ici c'est autre chose. Les Anglais veillent armés à la porte de la prison et du tribunal : ils menacent, ils intimident, il pèsent sur les juges : à la bonne heure ! Mais les juges, qui sont-ils ? Mais les faux témoins qui vont en Lorraine fouiller jusque dans le berceau de Jeanne, pour y trouver des taches ou des calomnies ; mais les perfides qui se glissent dans sa prison afin que la parenté de patrie ouvre son cœur à la confidence ; mais les hypocrites qui, cachés derrière une cloison , cherchent à surprendre jusqu'au secret de ses confessions ; mais les docteurs qui siégent à Paris et à Rouen, qui sont-ils ? Tous Français, tous acharnés à qui déshonorera le mieux Jeanne et la France !

Oui, avant de brûler Jeanne, savez-vous à quoi ils sont occupés, ces Français ? A tenter son patriotisme, à lui faire abjurer son roi, à lui arracher des secrets qui pourraient compromettre la France, à lui faire avouer je ne sais quel mystère de magie qui leur permettrait de mettre sur le compte des puissances infernales ces vaillants coups d'épée française qui, à Orléans, à Jargeau, à Patay, ont fait fuir l'Anglais devant une femme : c'est-à-dire qu'ils veulent déshonorer la France pour glorifier l'Angleterre. Français ! eux ! Ah ! ma langue se séchera avant de leur donner ce glorieux nom.

Mais c'est en vain qu'ils tentent Jeanne. Quand on presse l'eau, elle jaillit avec plus de force ; quand on comprime le feu, il pétille avec plus d'ardeur ; quand on met à l'épreuve une grande âme, ô spectacle tout divin ! elle devient plus grande encore ! Tout ce qu'il y a en elle de bon, de noble, d'élevé, s'en échappe avec des accents qu'on ne lui soupçonnait pas. Tentée par des Français, c'est alors qu'on voit combien Jeanne aime la France. Dans quels termes, en face de ces stipendiés de l'Angleterre, elle déclare que la France appartient à Dieu et qu'il veut en chasser les Anglais ! Avec quelle noble confiance dans les destinées impérissables de la France, elle affirme que les Anglais ne la possèderont jamais, fussent-ils cent mille de plus ! Et quelle délicatesse quand il s'agit du Roi, de ce Roi si tiède, si inactif, si ingrat, qui aurait dû périr pour la sauver ! Elle ne permet pas qu'on prononce son nom sans y répondre par un cri de respect et d'amour. Et jusque sur l'échafaud de Rouen, où on l'avait portée toute malade pour la torturer dans son âme, après l'avoir affaiblie dans son corps, douce et muette pendant les torrents d'injures qu'on verse sur sa tête, tout à coup, quand on outrage son roi, elle bondit : « Par ma foi, s'écrie-t-elle, je jure, sur peine de ma vie, que c'est le plus noble chrétien de tous les chrétiens, celui qui aime le mieux la foi et l'Église ; il n'est point tel que vous dites. — Faites-la taire ! » s'écrièrent les juges pâlissant de colère.

Faites-la taire ! Ah ! j'aime que Jeanne leur ait arraché ce cri ! voilà ce qu'on gagne à mettre à l'épreuve les nobles âmes. Dans les profondeurs de sa prison, devant les brutalités des grands seigneurs anglais corrompus, elle avait été le martyr de la pureté ; ici, au grand jour, en face de ces Français traîtres à leur pays, elle devenait l'apôtre et le martyr du patriotisme ; expiant ainsi, la noble fille, le crime de ces autres grands seigneurs qui, pour venger leur vanité blessée, livraient la patrie à l'étranger.

Est-ce tout, Messieurs ? La coupe que doit boire Jeanne est-elle assez amère ? Pas encore. Voyez-vous, parmi les juges, ceux qui siégent au premier rang, qui président l'assemblée, qui seuls vont prononcer la sentence ? Qui sont-ils ? Les reconnaissez-vous ? Ce sont des prêtres, et, au milieu d'eux, voilà un évêque !

Un évêque ! mon Dieu ! ce nom nous représente, il représentait aux yeux de Jeanne la bonté, la miséricorde, la mansuétude, le pardon du divin Maître. Et quand elle l'aperçut là, en entrant dans la salle, elle dut tressaillir de joie en pensant que du moins, parmi tant d'accusateurs, elle aurait un avocat et un père. Et quelques jours après, regardant cet évêque, vous savez la triste parole qu'elle lui adressa : « Évêque, c'est par vous que je meurs ! »

Ah ! je lui pardonnerais presque de l'avoir fait mourir ! mais ce que je ne lui pardonne pas, c'est d'avoir troublé un instant la paix de conscience de cette angélique enfant ; c'est d'avoir mis peut être sa grande âme dans l'indécision à l'heure où l'on a tant besoin de certitude ; c'est de lui avoir arraché une rétractation qui pouvait la déshonorer devant les hommes et rendre moins belle, aux yeux de la France, sa suave figure ; c'est de l'avoir menée à la mort en lui laissant croire que l'Église, la sainte Église, l'avait condamnée !

Mais non, je lui pardonne tout ; car qu'a-t-il pu, lui aussi, contre elle ? Lui arracher l'amour de l'Église ? Non, certes ! Faire pâlir à ses yeux l'image vénérable de cette mère auguste, en la lui montrant sous la figure de Caïphe ? Pas même ! Ou plutôt c'est lui, ce Caïphe, qui a fait jaillir de l'âme de cette enfant tout ce qu'il y avait en elle de foi, d'amour, de dévoûment pour la sainte Église. Torturée par des Français, elle était restée française ; torturée par d'indignes ministres de Jésus-Christ, elle reste chrétienne, catholique, aimant l'Église comme elle aime la France, avec passion. Elle en appelle au Pape. Et quand on lui dit qu'il est trop éloigné, elle en appelle au concile. Et quand on refuse d'enregistrer cet appel, après que pour toute vengeance elle eut dit à l'évêque : « hélas! hélas ! vous écrivez ce qui est contre moi, et vous ne voulez pas écrire ce qui est pour moi, » elle en appelle à Dieu. Mais, en en appelant à Dieu, elle continue à en appeler au Pape ; « car, disait-elle, Dieu et le Pape, c'est tout un. » Et sur l'échafaud même, ranimant toutes ses forces, elle lui envoie, à travers les flammes de son bûcher, la suprême protestation de sa fidélité et de son amour.

Ainsi, elle grandissait à chaque orage ! Ainsi, à chaque goutte amère qui s'ajoutait dans son calice, elle animait son cœur ! Plus vierge, s'il est possible, en face des corruptions de la noblesse anglaise ; plus Française, en face des Français traîtres à leur pays ; plus catholique, en face des faux prêtres traîtres à l'Église ; chaque coup qui frappait sur cette âme en tirait de sublimes accords.

Qu'ajouterai-je, Messieurs ?

Dans les grandes épreuves, dans ces passions douloureuses que traversent les âmes élues, il vient un moment où, quand la terre nous manque, quand nos amis détournent la tête, quand nos proches eux-mêmes nous abandonnent, on lève les yeux vers Dieu, et on ne le trouve plus. On le cherche ; où est-il ? et comme Notre-Seigneur sur sa croix, on dit : « *Deus, Deus meus, ut quid dereliquisti me ?* » Jeanne connût cette ineffable angoisse. Ce fut, dans le calice de sa passion, la dernière goutte, la plus amère.

Jamais elle n'avait cru qu'elle dût mourir. Elle avait foi en son roi, foi au bon peuple de France ; surtout elle avait foi en Dieu. Quand elle avait consulté ses saintes, elles ne lui avaient jamais parlé que de salut et de délivrance, et tout à coup on vient lui annoncer l'heure de la mort. Voilà les Anglais armés qui l'attendent ; la fatale charrette est à la porte... Étonnée, interdite, attendant un miracle, ne le voyant pas venir, regardant le ciel, le trouvant d'airain, une larme monta à ses yeux : elle eut une défaillance ; mais ce fut la dernière. Quoi ! ses voix l'auraient trompée ! Quoi ! Dieu l'abandonnerait ! Elle vit que c'était impossible ; et le sens de ces mots de salut et de délivrance, qu'elle n'avait pas compris, s'illumina aux feux de

son bûcher. La couronne d'épines lui apparut comme sa récompense, et qui sait même si elle ne la vit pas comme une
partie de sa mission ? M. de Maistre pense « qu'il a pu y avoir
« dans le cœur de Louis XVI, dans celui de la céleste Élisabeth,»
— et, s'il eût connu les lettres que nous savons, il aurait
ajouté : dans celui de Marie-Antoinette, — « tel mouvement,
« telle acceptation capable de sauver la France. » Qui peut
dire à quelle acceptation semblable, à quel sacrifice digne
d'elle et de la France, Dieu sollicita la grande âme de Jeanne
d'Arc? Toujours est-il qu'elle commença à prier avec un accent
qu'on ne lui savait pas, à demander pardon à ses bourreaux, à
ses juges, aux Anglais eux-mêmes du mal qu'elle avait pu leur
faire, à verser sur tous ceux qui l'entouraient des flots d'amour ;
puis s'élevant plus haut, oubliant la terre, serrant la croix sur sa
poitrine, ne la quittant plus des yeux, conversant avec ses
saintes sur ce bûcher comme sur un Thabor, elle disparut dans
les flammes, en jetant, à une foule immense, émue, qui fondait
en larmes, un seul cri : « Jésus ! »

Quelques heures après, dès que les flammes furent tombées,
on vit un Anglais monter précipitamment sur le bûcher et
balayer en toute hâte à la Seine les cendres de Jeanne, afin
qu'il ne restât rien d'elle sur la terre de France.

Il se trompait. Il nous restait son nom, son étendard, son
épée, son bûcher, son cœur ! Il nous restait davantage encore :
il nous restait la France délivrée et rachetée par elle, et qui
ne mourra plus !

Et maintenant, Messieurs, mettons fin à ce discours en
nous tournant vers cette chaste et héroïque Jeanne, et à
l'exemple de ceux qui nous ont précédé dans cette chaire,

adressons-lui un dernier hommage avec un adieu. O Vierge, vous dûtes tressaillir, au sein de vos splendeurs, lorsqu'il y a dix ans, une voix qui vous est chère comme elle est chère à tout ce qui aime la France, l'Église et l'honneur, monta jusqu'à votre trône ! Elle disait : Fille généreuse, recevez cet hommage « d'un évêque d'Orléans. Nous avons servi tous deux, tour à « tour, cette noble ville, ce peuple aimable et bon, généreux « jusqu'à l'enthousiasme, au jour de l'honneur. Vous avez « sauvé les aïeux de ceux qui sont mes fils en Jésus-Christ.... « Nous nous retrouverons, nous nous reconnaîtrons un « jour (1) ! »

Cette voix, si digne de porter jusqu'à Jeanne les hommages d'Orléans et de la France, se taisait à peine, lorsque peu après une autre voix s'éleva de cette même chaire (2). A cet accent étranger, ô vaillante fille, votre fière poussière dut tressaillir ! Les images de vos batailles repassèrent devant vos yeux. Mais comment ne l'auriez-vous pas accueillie avec bonté, cette voix ? car elle disait : « Je ne viens pas, ô Jeanne, désavouer « les combats que nous vous avons livrés ; mais je viens « dire hautement qu'il y a, dans notre histoire, une page que « je voudrais arracher au prix de mon sang, la page qu'éclaire, « à notre honte, le bûcher de Rouen. »

A ce noble concert de louanges, pour qu'il fût complet, une note manquait : je l'apporte aujourd'hui. Après le repentir de l'Angleterre qui vous a brûlée, ô Vierge ! je dépose à vos pieds le repentir de la Bourgogne qui vous a trahie. Ah! que ne fait pas faire l'ambition ! et comment avons-nous pu à ce point méconnaître la France ! Mais alors nos yeux étaient

(1) M⊃r Dupanloup, évêque d'Orléans.
(2) M⊃r Gillis, évêque anglais d'Édimbourg.

aveuglés. Vous nous les avez ouverts, ô Jeanne, ils ne se fermeront plus. Et vous aussi, elle vous a éclairés, habitants de la Normandie, qui ne sûtes pas mourir pour empêcher l'horrible catastrophe de Rouen ! Et toi, vaillante population de Paris, qui sais si bien mourir ! Mais alors tu chantais le *Te Deum* pendant qu'on la brûlait ! Et nous tous enfin, que les passions, qu'un génie ennemi de la France divisait, armait les uns contre les autres, elle nous a réconciliés, réunis, en nous attendrissant par son bûcher. Là se sont rejoints les tronçons dispersés et malheureux de la patrie. Là s'est nouée pour jamais cette vivante unité française, notre grandeur, notre gloire, notre invincible force, que tous les peuples admirent et nous envient. Car, plus heureux qu'eux tous, peut-être parce que nous avons plus souffert, nous ne sentons pas deux peuples se battre dans nos entrailles. Nous n'avons ni une Irlande qui meurt de faim dans les gorges de nos montagnes, ni une Venise attachée à notre pied comme un boulet, ni une Pologne échevelée et sanglante, prête à se lever contre nous. Nous sommes un, des Alpes aux Pyrénées, de la Méditerranée à l'Océan, tous Français, tous heureux et fiers de l'être. Et si nous nous divisons sur bien des questions, comme c'est le droit et la dignité des êtres libres, quand il s'agit de l'honneur du drapeau, de l'intégrité des frontières, nous n'avons tous qu'une voix, un élan, un cœur, une âme. Voilà la France !

O Jeanne, jouissez de votre œuvre : car, quoique vous ne l'ayez pas faite seule, et que beaucoup y aient travaillé dans la suite des âges, les uns avec l'épée, les autres avec la politique, ceux-ci avec la législation, ceux-là avec le génie, l'éloquence, l'art, la poésie, la gloire, la vertu ; — il a fallu tout cela pour faire la France ! — quelle part égala jamais la vôtre, vous, sa libératrice, sa rédemptrice, sa plus brillante image ? Je vous regarde dans cette belle attitude que vous donnèrent récemment des mains royales, et je me demande si c'est vous ou la France que je vois : debout, comme un soldat que vous étiez et qu'elle est aussi ; le pied en avant, en signe de l'élan français ; la tête inclinée dans la modestie et dans la douceur, comme il convient quand on est fort comme vous, ô Jeanne, et comme vous aussi, ô France ; l'épée non pas déchaînée et étincelante pour effrayer le monde, mais posée comme une croix sur votre noble poitrine, afin d'apprendre au monde que l'épée française est une épée chrétienne, une épée de civilisation et d'amour, qui ne se tire qu'à regret et toujours pour l'honneur ; les mains modestement et fortement repliées sur le cœur pour le couvrir et le protéger, afin de rappeler aussi à l'Europe, qui craint trop les entraînements de la France, que si on peut en effet éblouir quelquefois son grand esprit, l'aveugler avec un sophisme, et l'entraîner un instant ; il y a quelque chose en elle qu'on n'atteint pas si facilement, qui résiste et qui resterait si tout venait à périr : c'est le cœur ! Comme le vôtre, ô Jeanne, en ce triste et glorieux jour où vous mourûtes pour nous ; le feu consuma vos vaillantes mains, même votre chaste poitrine ; il éteignit vos beaux yeux pleins de pudeur et de flamme : tout fut brûlé, sauf le cœur !

Orléans, imp. et lith. CHENU, rue Croix-de-Bois, 21.

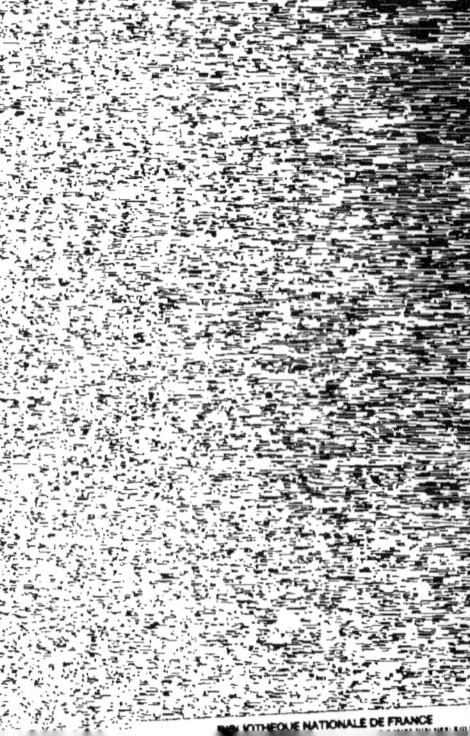